Matarile-rile-ró

AUTORES

José Flores
Ana Margarita Guzmán
Sheron Long
Reynaldo F. Macías
Ramón L. Santiago
Eva O. Somoza
Josefina Villamil Tinajero

CONSULTORES DE LITERATURA

Mauricio E. Charpenel
Isabel Schon

Macmillan Publishing Company
New York

Collier Macmillan Publishers
London

CONSULTORES

Rosa Castro Feinberg
Argentina Palacios
Joanna Fountain-Schroeder

ACKNOWLEDGMENTS

The publisher gratefully acknowledges permission to reprint the following copyrighted material:

"Brinca la tablita" adapted from UNA, DOLA, TELA, CATOLA and "Cuatro patas" from UNA, DOLA, TELA, CATOLA by Carmen Bravo-Villasante. ©1976 by Carmen Bravo-Villasante. Part of El libro del folklore infantil published by Editorial Miñón and used with their permission.

"La hormiguita" adapted from CHINA, CHINA, CAPUCHINA EN ESTA MANO ESTÁ LA CHINA by Carmen Bravo-Villasante. ©1981 Carmen Bravo-Villasante. Part of Libros infantiles y juveniles. Published by Miñón and used with their permission.

"Víbora de la mar" from JUEGOS INFANTILES CANTADOS EN NUEVO MÉXICO compiled by Richard B. Stark. Copyright 1973 The Museum of New Mexico Press. Used by permission.

ILLUSTRATION CREDITS: Len Ebert, 6–11; Meryl Henderson, 12–15; Mike Adams, 16–21; Doug Roy, 28–35; Roseanne Litzinger, 36; Dennis Scofield, 37–43; Istvan Banyai, 46–51; Bob Jackson, 52–59; Stan Tusan, 60–69; Stan Tusan and Diane Goldsmith, 70–71; Jerry Smath, 72–79.

PHOTO CREDITS: Elliott Varner Smith, 22–27; Lawrence Migdale, 44–45; ©Carol Simowitz, 46; Carnavala Miami–Kiwanis Club of Little Havana, 47; ©Al Rendon, 48 t, b; ©Gary Perkins, 49; Lawrence Migdale, 50, 51.

COVER PHOTO: ©Craig Aurness/WOODFIN CAMP & ASSOCIATES

Macmillan Publishing Company
866 Third Avenue
New York, NY 10022
Collier Macmillan Canada, Inc.

Printed in the United States of America

ISBN 0-02-167100-1

20 19 18 17 16 15 14 13

Matarile-rile-ró

¿Qué quiere usted?
Matarile-rile-ró.
Quiero un paje,
matarile-rile-ró.
Escoja usted,
matarile-rile-ró.
Escojo a usted,
matarile-rile-ró.
Celebramos todos juntos,
matarile-rile-ró.

Tradicional

Contenido

NIVEL 3: *Matarile-rile-ró*

La nueva escuela

Elisa está en una nueva escuela.

Es una linda escuela.

Elisa mira a unos niños.

Los niños se toman de la mano.

Los niños corren y corren.

Elisa no corre con
los otros niños.
Elisa pasa el día solita.

7

Elisa mira a unas niñas de
la nueva escuela.

Las niñas dicen:
—¿Pan o limonada?

—Pan —dice una niña.

Otra niña dice:
—Ven a mi fila.

Todos los niños están en fila.
Las niñas se toman de la mano.

—¡Dale, pan! —dicen unos niños.

—¡Dale, limonada! —dicen otros.

Elisa mira y no hace nada.

Elisa toma su pelota.
Es una pelota nueva.
Elisa mira a una niña.
La niña está solita.

10

Las niñas se miran.

—¿Qué es eso? —dice la niña.

—Es mi pelota nueva —dice Elisa.

—¡Qué bien! —dice la niña—.
¡Mira lo que tengo yo!

Rimas

Brinca la tablita.
Yo ya la brinqué.
Bríncala tú ahora,
que yo me cansé.
Dos y dos son cuatro.
Cuatro y dos son seis.
Seis y dos son ocho
y ocho dieciséis.

Tradicional

Cuatro patas
tiene un gato,
una, dos, tres, cuatro.

Tradicional

13

Víbora, víbora de la mar,
por aquí pueden pasar.
Por aquí yo pasaré,
y una niña dejaré.

Una niña, ¿cuál será:
la de adelante o la de atrás?
La de adelante corre más
y la de atrás se quedará.

Tradicional

15

El carrito

—Toñito, pasa la soga
—dice Pepe.

—Toma —dice Toñito.

—Pasa las ruedas
—dice Pepe.
—Toma —dice Toñito.

Toñito mira a Pepe y dice:
—¿Para qué es todo eso?

—Amigo —dice Pepe—, todo eso
es para mi carrito.

—¡Qué bueno! —dice Toñito—.
¡Yo te ayudo!

Pepe y Toñito hacen el carrito.

—¿Dónde se ponen las ruedas?
—dice Toñito.

—Las ruedas se ponen aquí
—dice Pepe—.
Sin ruedas el carrito no corre.

—¿Dónde se pone la soga?
—dice Toñito.

—La soga se pone aquí —dice Pepe—.
Sin la soga el carrito se va solito.

—¿Ya está el carrito?
—dice Toñito.

—Todavía no —dice Pepe—.
¡Gatito!
¡Gatito, ven!

Pepe toma su gatito.

—¿Dónde se pone el gatito?
—dice Toñito.

—El gatito se pone aquí
—dice Pepe—.
Sin el carrito el gatito no va de paseo.

Y los amigos salen de paseo.
Van a la laguna con el gatito
en el carrito.

¡Hola!
Ven de visita.
Ven a un
zoológico fabuloso.

Aquí está Bonito.

Bonito es un hipopótamo.

Está en el agua.

No se ahoga.

El agua le hace bien.

Ahí están las aves.

Unas aves corren.

Otras aves nadan.

Unas aves son tímidas.

Todas las aves son fabulosas.

¡Mira esos lindos animales!

Pasan el día en el agua.

¡El agua está helada!

Esos animales son aves.

Son aves que nadan y corren.

Mira esos animales en
el zoológico.
Mira a los niños.
Van de paseo.
¡Eso sí lo hago yo!

Ven de visita a un zoológico.

Visita los animales.

Los animales son fabulosos.

El cuclillo

—¡Cu-cú! ¡Cu-cú!
—dice el cuclillo.

El cuclillo sale de su casa.

Toca su música y dice:
—¡Cu-cú! ¡Cu-cú!

Todos oyen su música.

28

Una noche, el cuclillo está solito.

Sale de su casa y dice:
—¡Cu-cú! ¡Cu-cú!

Esa noche el cuclillo oye:
"¡Uuu! ¡Uuu!"

El cuclillo mira y dice:
—¿Quién es?

—¡Hola! —dice un tecolote—.
¡Qué linda es tu música!
Ven a mi casa.
¡Uuu! ¡Uuu!

El cuclillo va de visita.

—Pasa —dice el tecolote—.
Aquí están mis amigos.
Ven y oye la música.

El cuclillo pasa a la casa.

—¡Música, amigos! —dice
el tecolote—.
¡Música!

¡Uuu!
¡Uuu!

Tipi tape.
Tipi tape.

Ssss.

Cuuu.

El cuclillo oye la música
de la noche.

33

¡Qué linda noche pasa el cuclillo!
¡Qué noche de fiesta!
¡Qué noche de música!
Ya de mañana, todos se van.

34

El cuclillo está en su casa.

De día, sale y dice:
—¡Cu-cú! ¡Cu-cú!

Y de noche, si está solito, dice:
—¡Cuu!
¡Uuu! ¡Uuu!
La li la.
Ssss.

Tipi ton

Nube, nube
de algodón,
ven y dame
un chaparrón.
Tipi ton,
tipi ton,
tipi tipi
ton.

Mauricio Najarro

36

Barquitos de papel

—¡Corre, Timoteo!
—dice Paquita—.
Mira esa nube.

—¡Corre, Quique!
—dice Timoteo—.
Ya llueve.

Los amigos corren.
Corren a la casa de Quique.

Los amigos se quitan las botas.
Se quedan en la casa.

Paquita dice:

—¿Qué hacen los niños si llueve?

Quique dice:

—Si llueve, hacen barquitos de papel.

—¿Barquitos de papel?

—dice Paquita—.

¿Cómo se hacen?

—Así se hacen —dice Quique.

Quique les da papel a sus amigos.
Todos hacen pequeños barquitos de papel.
Todos oyen el agua.

—Ya están los barquitos
—dice Quique.

—¡Mira! —dice Paquita—.
¡Ya no llueve!
Mira cómo corre el agua.

Los amigos se ponen las botas.
Salen de la casa con sus barquitos.

Los amigos ponen los barquitos
en el agua.
Los barquitos corren por el agua.

—¡Qué lindos son!
—dice Quique—.
¡Cómo corren!

—¡Ahí va uno! —dice Quique.

—¡Ahí va otro! —dice Paquita.

—¡Ahí van todos! —dice Timoteo.

Los barquitos de papel corren.
Los niños corren con los barquitos.

Mi barquito de papel

Con la mitad de un periódico,
hice un barco de papel.
El viento que sopla y sopla
se lo llevaba con él.

Con la mitad de un periódico,
hice un barco de papel,
muy buen viaje, muy buen viaje,
mi barquito de papel.

Tradicional

¡Desfile!

Un desfile es como una fiesta.

Todos se ponen ropa bonita.

Salen a la calle.

Pasan un lindo rato.

Aquí se ve el famoso Paseo
de Miami.
El Paseo es un desfile.
¡Qué ropa tan bonita se ve
en el desfile!
¡Qué linda música se oye!
Todo es risa y música.
¡El Paseo de Miami es fabuloso!

Aquí se ve un desfile de noche.
Es la Fiesta de San Antonio.
El desfile pasa por la calle.

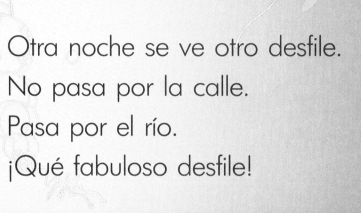

Otra noche se ve otro desfile.

No pasa por la calle.

Pasa por el río.

¡Qué fabuloso desfile!

49

En California se ve otro
bonito desfile.
En California viven
unas lindas mariposas.

Viven en las ramas de los pinos.
El desfile es para esas mariposas.

Aquí va el desfile por la calle.

Es un desfile de niños.

Van de mariposas.

Es el "Desfile de las mariposas".

¡Qué lindo desfile!

Sarita y su amiga

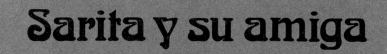

Un día, Sarita la oruga se asoma.

Otra linda oruga la ve y le dice:
—Ven aquí.
Toma y come.

—¿Qué es eso? —dice Sarita.

—Es una pera —dice su amiga—.
¡Mira qué rica!

—¡Ay sí, mi amiga!
—dice Sarita—.
Esa pera es para mí.

Sarita se come toda la pera.

—¡Ven aquí, Sarita! —dice
su amiga—.
Come esa mata.
¡Qué rica está!

—¡Ay sí, mi amiga! —dice Sarita—.
Esa mata es para mí.

Sarita se come toda la mata.

54

Ahora es Sarita la que dice:
—Mira aquí, mi amiga.
¡Mira esas fabulosas uvas!
Ven y come.

—¡Ay sí, Sarita! —dice
su amiga—.
Esas uvas son para mí.

55

La linda oruga mira a Sarita
y dice:
—¡Ay, ay, ay, ay, ay!
Sarita, ya me voy.
Me voy. Me voy.

—Te veo, mi amiga —dice Sarita—.
Te veo.

56

La linda oruga hace su casa.

Se mete en esa casa.

Sarita come y come.

Se come todas las uvas.

Sarita dice:

—¡Ay, ay, ay!

Ahora me voy yo.

Sarita hace su casa.

Se mete en su casa de oro.

Los días pasan.

Un día, Sarita oye:

"¡Sarita!"

—¿Mi amiga? —dice Sarita.

Ven —dice su amiga—.

Ven aquí.

Y las lindas mariposas se van de paseo.

El chivo y la hormiga

Abuelo: Abuela, mira.
¡Qué lindos están
mis tomates!

Abuela: Mira, abuelo.
¡Qué lindos están
mis rábanos!

Abuelo: ¡Qué fabulosas están mis papas!

Abuela: ¡Abuelo! ¡Mira! ¿Qué es eso?

Abuelo: ¡Es un chivo!

¡Mira cómo come!

¡Come mis lindas matas!

Abuela: ¡Ahí voy yo!

Yo le digo que eso no

se hace.

Abuelo: ¡Chivo!

¡Mis tomates no se comen!

Chivo: ¡M-m-m! ¡M-m-m!

Abuela: ¡Chivo!

¡Mis rábanos no se comen!

Chivo: ¡M-m-m! ¡M-m-m!

Abuelo: ¡Chivo!
¡Mis papas no se comen!

Chivo: ¡M-m-m! ¡M-m-m!

Abuela: Abuelo, ¿y ahora qué?

Abuelo: Mira quién está ahí.
Es la hormiga.
¡Hola, hormiga!

Hormiga: ¿Qué pasa, abuelo?

¿Qué pasa, abuela?

Abuelo: Mira ese chivo.

Mira cómo se come mis

tomates y mis papas.

Abuela: Se come mis rábanos.

Hormiga: ¡Yo les ayudo!

Abuela: ¡Mira, abuelo!
¡Mira el chivo!
¡Ahí va la hormiga!

Abuelo: ¡Mira, abuela!
¡La hormiga se le sube
a la pata!

Abuela: ¡Abuelo!
¡La hormiga está en
el lomo!

Abuelo: ¡Abuela, mira!
¡Mira cómo lo pica!
¡Lo pica en el lomo!

Abuela: ¡Dale, hormiga, dale!

Chivo: ¡Ay, ay, ay!

¡Ay, cómo me pica!

Hormiga: Ahí va una por las papas.

Toma otra por los rábanos.

Chivo: ¡Ay, ay, no!

¡Ya me voy de aquí!

Abuelo: Ahí se va el chivo.
¡Qué bueno!

Abuela: Toma, amiga hormiga.
Toma un pan por
tu ayuda.

Hormiga: Ay, abuela.
Para eso están
los amigos.

La hormiguita

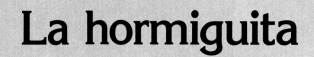

Ésta era una hormiguita
que salió de un hormiguero.
Tomó un granito
y volvió a su hormiguero.

Y vino otra hormiguita
del mismo hormiguero.
Tomó un granito
y volvió al agujero.

Y vino otra hormiguita . . .

Tradicional

71

A a

abuela

La mamá de mi mamá es mi <u>abuela</u>.

abuelo

El papá de mi papá es mi <u>abuelo</u>.

ay

—¡<u>Ay</u>, qué buena limonada! —dice Susi.

B b

barquitos

Los <u>barquitos</u> están en la laguna.

bonito

¡Qué <u>bonito</u> carrito!

C c

calle

Oyen música en la <u>calle</u>.

carrito

Pepe se sube a su <u>carrito</u>.

cómo

¡Mira <u>cómo</u> corre papá!

cuclillo

—¡Cu-cú! ¡Cu-cú! —dice el <u>cuclillo</u>.

Ch ch

chivo

El <u>chivo</u> se come las matas.

D d

desfile

¡Qué bonito es el <u>desfile</u>!

E e

escuela

Elisa va a la <u>escuela</u>.

H h

hormiga

La <u>hormiga</u> come pan.

L l

laguna

El patito vive en la <u>laguna</u>.

lomo

El ave está en el <u>lomo</u> de un hipopótamo.

Ll ll

llueve

Aquí <u>llueve</u> todo el día.

M m

mariposas

Las <u>mariposas</u> están en los pinos.

N n

noche

De <u>noche</u> no se ve bien.

nueva

—Tengo una <u>nueva</u> pelota —dice Ema.

O o

oruga

La <u>oruga</u> se come la mata.

O o

oye

Tobi oye la música.

P p

papas

Las papas están en la mesa.

papel

Hago barquitos de papel.

pequeños

Los animales son pequeños.

pera

El chivo se come la pera.

P p

pica

—La hormiga me <u>pica</u> —dice Ema.

pinos

Los <u>pinos</u> son lindos.

R r

rábanos

El chivo se come los <u>rábanos</u>.

rica

—¡Qué <u>rica</u> limonada! —dice Elisa.

río

Los niños nadan en el <u>río</u>.

R r

ruedas

Ema le pone <u>ruedas</u> a su carrito.

S s

sin

El carrito está <u>sin</u> ruedas.

soga

El gatito corre con la <u>soga</u>.

son

Los niños <u>son</u> Tito y Pepe.

T t

toca

Eva <u>toca</u> música bonita.

T t

tomates

Tito vende <u>tomates</u>.

U u

un

—Tengo <u>un</u> osito —dice Eva.

V v

voy

<u>Voy</u> a mi casa.

Z z

zoológico

Toñito visita el <u>zoológico</u>.

Lista de palabras nuevas

Para los maestros: Las siguientes palabras se introducen en las selecciones de *Matarile-rile-ró*. El número entre paréntesis que sigue a cada palabra indica la página en que esa palabra aparece por primera vez en el libro.

abuela (60)
abuelo (60)
ahí (24)
ahoga (23)
ahora (55)
amiga (52)
amigo (17)
amigos (21)
ay (53)

barquitos (37)
bonita (46)
bonito (23)
botas (38)
bueno (17)

calle (46)
carrito (16)
casa (28)
comen (63)
como (46)
cómo (38)
corren (6)
cuclillo (28)
cu–cú (28)

chivo (60)

dale (9)
desfile (46)
dicen (8)
digo (62)

esas (50)
escuela (6)
esos (25)
están (9)

fabulosas (24)
fabuloso (22)
fabulosos (27)
famoso (47)

gatito (20)

hacen (18)
hago (26)
helada (25)
hipopótamo (23)
hola (22)
hormiga (60)

laguna (21)
les (39)
lomo (66)

llueve (37)

mariposas (50)
mata (54)
miran (11)
mis (31)
música (28)

nadan (24)
niña (8)
niñas (8)
niños (6)
noche (29)
nueva (6)

o (8)
oro (58)
oruga (52)
otras (24)
otros (7)
oye (29)
oyen (28)

papas (60)
papel (37)
Paquita (37)
pasan (25)
pequeños (41)
pera (53)
pero (57)
pica (67)
pinos (50)
ponen (18)

quedan (38)
Quique (37)
quitan (38)

rábanos (60)
ramas (50)
rato (46)

rica (53)
río (49)
risa (47)
ropa (46)
ruedas (16)

salen (21)
Sarita (52)
si (35)
sin (18)
soga (16)
solita (7)
son (24)

tecolote (30)
tímidas (24)
toca (28)
todavía (20)
toman (6)
tomates (60)
Toñito (16)

un (22)
unas (8)
unos (6)
uvas (55)

van (21)
viven (50)
voy (56)

zoológico (22)